DAS GARTENPORTRÄT

Beate Schöttke-Penke / Christian Lehsten

EIN STIMMUNGSVOLLER ROSENGARTEN

romantisch eingebettet in die Landschaft

Deutsche Verlags-Anstalt

INHALT

EINLADUNG INS PARADIES

MITREISSENDE BEGEISTERUNG

SEITE 2
Am Laubengang auf dem Hof mischen sich die Blüten der alten unbekannten Centifolie mit der weißen Rosa alba *'Maxima'.*

SEITE 6/7
Der formale Laubengang geht scheinbar grenzenlos in die dahinter liegende Landschaft über.

Den Garten von Christian Korsch kenne ich seit zehn Jahren. Als Journalistin war ich im Städtedreieck Lübeck, Wismar und Schwerin auf der Suche nach neuen Geschichten. Ein erster Privatgarten, der in Mecklenburg besichtigt werden konnte, kam mir gerade recht. Ich hatte noch nichts gesehen von den Gärten dieser Welt, hatte kaum etwas gehört von barocken Schlossanlagen oder englischen Landschaftsgärten, wusste nur wenig über das Zusammenspiel von Zwiebelgewächsen, Stauden und Gehölzen. Vielleicht traf mich deshalb die erste Begegnung mit diesem Garten wie ein Blitz. So schön kann gestaltete Natur sein!

Ich fühlte mich an jenem Tag in ein Zauberreich entführt, eingesponnen in Düfte und eine Harmonie, die wie von leichter Hand geschaffen schien. Dazu dieser Gärtner, ja Gartenkünstler, der mich begeisterte. Wie leidenschaftlich er sich mit diesem Stück Erde verband! Wie mitreißend er von seiner Passion sprach! Wie umfassend er Garten, Landschaft und Natur begriff! Ich fühlte mich in eine andere Welt entrückt. Hatte nach einem ersten Rundgang das Gefühl, als käme ich aus einem Urlaub zurück, als läge eine lange Reise hinter mir. Dabei waren nur zwei Stunden vergangen.

RECHTE SEITE
Der südliche Hausgiebel: Die warm rosafarbene 'Cottage Rose' und die von Christian Korsch geschätzte unbekannte Centifolie werden von Mutterkraut (Tanacetum parthenium) *und Katzenminze* (Nepeta) *ergänzt.*

RECHTE SEITTE OBEN
Wochenlanger Blütenflor am Hauseingang: Zur Rosa multiflora *hat Christian Korsch am Spitz des Wohnhauses noch eine 'Mozart' und eine* Rosa canina *gepflanzt.*

RECHTE SEITTE UNTEN
Auch auf der Streuobstwiese hat die robuste Strauchrose 'Schneewittchen' ihre Blütenschönheit entfaltet, ergänzt von den kamilleartigen Blütenköpfen von Mutterkraut (Tanacetum parthenium). *Dahinter der üppige und hohe armenische Storchschnabel* Geranium psilostemon *mit seinen kirschroten Blüten mit dunklem Auge.*

Bei meinen späteren Besuchen geschah Ähnliches. Auch andere Menschen erlagen dem Zauber dieses Ortes. Die Worte des Gärtners rührten auch in ihnen etwas an, brachten etwas zum Schwingen, begeisterten auch sie. Einige von ihnen sprachen anschließend von einem Paradiesgarten. Ein Wort, das den Gärtner Christian Korsch beschämte. War das nicht zu dick aufgetragen?

Inzwischen akzeptiert er die Bewunderung und lädt alljährlich in sein privates Paradies ein. Für ein paar Wochen bevölkern Besucher den Garten. Zu Hunderten kommen sie, viele jedes Jahr aufs Neue. In diesen Tagen von Mai bis Juli hat der Garten eine Üppigkeit, eine Farbigkeit wie im ganzen Jahreslauf nicht. Denn: es sind die Rosen, die blühen. Zu Tausenden. Überall auf dem 25000 Quadratmeter großen Gelände entfalten sie ihre Schönheit, betören ihre Düfte, erobern sie neue Ecken.

In Zusammenarbeit mit dem Fotografen Christian Lehsten erschien 2009 das Buch *Offene Gärten in Mecklenburg*. Wir porträtierten darin auch den Garten von Christian Korsch. Er war der Schönste, der am ausführlichsten Dargestellte unter fünfundzwanzig anderen. Dennoch blieb ein Gefühl der Unzufriedenheit. Mit ein paar Zeilen, mit ein paar Bildern wurden wir diesem Garten und seinem Besitzer nicht gerecht. In beiden steckte so viel mehr. So wuchs der Wunsch, diesem Rosengarten ein eigenes Buch widmen zu wollen. Ein Wunsch, der in Erfüllung gegangen ist.

Wir sind dem Garten, seiner Schönheit und seinen Stimmungen, wir sind dem Gärtner, seinen Intentionen und seinem Können ein gutes Stück mehr auf die Spur gekommen. Seien Sie hiermit eingeladen: In ein Stückchen Welt, das Sie dem Alltäglichen entrückt. In einen Rosengarten, der einmalig schön ist. Und in ein Menschenleben, das sich intensiv um einen Garten rankt.

OBEN
Die Rose 'Champion of the World' überdacht die Pforte zum Hühnergarten.

GANZ OBEN
Von Mitte Mai bis Mitte Juli führt Christian Korsch (rechts) Besucher durch seinen Garten.

OBEN
Auf der Frühlingswiese beherrscht nach den Krokussen der Schneeglanz (Chionodoxa) *das Bild.*

UNTEN
Blütendreiklang: Im gewundenen Laubengang mischen sich die Blüten der samtig-roten Gallica-Rose 'Aimable Rouge' mit denen von Rittersporn (Delphinium) *und Mutterkraut* (Tanacetum parthenium).

OBEN

Die Blumenwiese im Herbst: Die Herbstzeitlosen (Colchicum *'Giant'*) *werden von einer Fetthenne* (Sedum) *und Funkien* (Hosta) *umspielt.*

UNTEN

Befreit von den Rosenkaskaden können die alten Bäume der Streuobstwiese im Winter einmal ganz für sich wirken.

WO, WENN NICHT HIER

»Resthof in romantischer Lage« verhieß die Anzeige in der Lübecker Zeitung. Dazu ein Verkaufspreis, der aufmerken ließ. Das glaub ich nicht, das kann nicht sein. Christian Korsch war elektrisiert. Dieses Grundstück musste er sich unbedingt ansehen. Haargenau erinnert er sich an den ersten Besuch. Er bog von der Straße auf einen Landweg ein, sah durch ein Heckenloch das Gehöft auftauchen. »O Gott«, sein Gedanke, »so mitten in den Feldern.« Der Sandweg war völlig zugewachsen. Triebe der *Rosa Canina*, der Hundsrose, streiften über das Auto. »Ich hatte das Gefühl, das geht über meine Arme, das geht über meine Haut«, erinnert sich der Gärtner. Und ist nach dem Besuch felsenfest überzeugt: Das ist es! Wenn ich irgendwo hingehöre, dann hierher!

Der Kauf des Anwesens ist bald beschlossene Sache. Christian Korsch und sein Freund Peter sind erst ein paar Monate zusammen. Doch sie wissen bereits, dass das Leben sie nicht mehr trennen wird. Also soll ein Nest her. Ein Ort, der zu ihnen passt. Im westlichen Teil Deutschlands das Gewünschte zu finden, ist nicht

RECHTE SEITE
An mehreren Stellen geht der Brützkower Garten scheinbar grenzenlos in die ihn umgebende Landschaft über.

Grenzenlose Übergänge: Christian Korsch hat den Garten eingebunden in die schöne Umgebung, und Elemente daraus finden sich wieder im Garten.

RECHTE SEITE OBEN
Hoher mecklenburgischer Himmel über dem Wohnhaus in Brützkow mit den beiden geschnittenen Linden am Hauseingang.

RECHTE SEITE UNTEN
Im gesamten Garten haben sich unter den Gehölzgruppen Blütenteppiche aus Winterlingen (Eranthis hyemalis) *gebildet, dazwischen vereinzelt Christrosen* (Helleborus niger).

OBEN
Beim Umzug vergessen, entfaltet die Rosenmischung am Südgiebel des Hauses heute eine romantische Stimmung: Die Blüten wachsen bis ins Fenster hinein.

umsetzbar. Entweder sind die Objekte, für die sich die beiden Männer interessieren, zu teuer oder tot saniert. Also geht die Suche östlich der ehemaligen innerdeutschen Grenze weiter. Dann entdecken sie mit dem in der Zeitung angezeigten Gehöft genau so eines, wie es ihnen vorschwebt. Die beiden Männer schreckt nicht ab, dass sie die Katze im Sack kaufen sollen. Dass sie das Wohnhaus nur im Schnelldurchlauf ansehen können. Dass die Grundstücksgrenzen nicht genau auszumachen sind. Dass es außerdem nicht leicht wird, die bisherigen Bewohner, die sich nach der Wiedervereinigung Deutschlands illegal niedergelassen haben, zum Auszug zu bewegen.

Die Pluspunkte wiegen für die beiden Männer schwerer. Die Lage ist bilderbuchreif. Wie eine schlummernde Katze schmiegt sich das Gehöft in die Endmoränenlandschaft. Eine Obstbaumwiese und die überall herumschwirrenden Schwalben rufen sofort Kindheitserinnerungen wach. Überdies – und das ist wohl das wichtigste Pfund, mit dem sich wuchern lässt – birgt das Gelände einen großen Spielraum für den erträumten Garten.

Im September 1995 übernehem die Männer das Gehöft. Monatelang krempeln sie die Ärmel hoch, sanieren sie das Wohnhaus und die Nebengebäude. Brüchige Dielen und Fenster werden ersetzt, verrottete Decken erneuert und im Haus lebende Nagetiere vertrieben. Im darauf folgenden Frühling kann Christian Korsch mit seinen Pflanzen umziehen. Vollbracht ist der Ortswechsel schließlich im Juni 1996: Die Männer leben nun auf der einzeln liegenden Hofstelle bei Brützkow, im Nordwesten Mecklenburg-Vorpommerns. Ihren Alltag strukturieren sie neu. Peter, der Professor für Wirtschaftsrecht, wechselt von der Universität in Lüneburg an die Hochschule der Hansestadt Wismar. Christian Korsch gibt seinen Job als Altenpfleger auf und will sich nur noch seiner Lieblingsbeschäftigung widmen – dem Gärtnern. Er will seinen Lebensgarten anlegen. Den Garten, mit dem er alt werden will und in dem er zugleich jung bleiben kann. Ein Garten, in den alle Erfahrungen einfließen können. Ein Garten, der malerischer und formvollendeter werden soll als seine Vorgänger.

GARTENGLÜCK

DER ROTE FADEN

SEITE 20/21
Im Frühling entfaltet der Naturgarten mit Hunderten von Narzissen seinen Zauber. Im Hintergrund die Lieblingsbank von Christian Korsch.

Gärten ziehen sich wie ein roter Faden durch das Leben von Christian Korsch. Nie ist er ohne einen gewesen. Als Kind pflegt er wie seine drei Geschwister ein Gemüsebeet. Doch Blumen sind ihm lieber. Versteck spielen unter großen Rhododendren oder Rosenbüschen, die Farben und Düfte des Gartens in sich einsaugen, aus dem Förstergarten seiner Eltern heraustreten und sogleich im Wald und in der Flur zu sein, das sind seine liebsten Kindheitserinnerungen. Das ist für ihn das Glück! Mit dem Großvater, einem kundigen Landwirt und Gärtner, zieht er Gemüse an, buddelt Dahlien ein oder schneidet die schnurgeraden Buchsreihen. Von ihm, so erzählt er Gartenbesuchern heute, habe er den grünen Daumen geerbt. Von ihm lernt er das akkurate Arbeiten.

Einen ersten Garten legt Christian Korsch an, als die Eltern am Rande des Sachsenwaldes, dem größten geschlossenen Waldgebiet in Schleswig-Holstein, in ein eigenes Haus ziehen. Von seinem Taschengeld kauft er Rhododendren und Azaleen, fährt sie auf dem Fahrradgepäckträger zum schattigen Garten. Einpflanzen muss er sie aber dort, wo die Mutter es wünscht. Als er rund

RECHTE SEITE
Ein Herbstbild auf dem Hofplatz: Eine lachsrote Rauhblattaster (Aster novae-angliae *'Alma Pötschke'*) *leuchtet vor dem Chinaschilf* (Miscanthus).

RECHTE SEITE OBEN
Im Schatten großer Bäume hat Christian Korsch anfangs gegärtnert. Heute bezeichnet er alte Bäume als das »Kapital eines jeden Grundstücks«.

RECHTE SEITE UNTEN
Unter Haselnüssen bezaubert die Orientalische Christrose (Helleborus orientalis), *farblich wunderbar ergänzt durch rosa Lerchensporn* (Corydalis) *und Narzissen.*

UNTEN
Frühlingsstimmung am Rande der Streuobstwiese: Blausternchen (Scilla siberica) *umspielen die großen Blüten der Christ- oder Schneerosen* (Helleborus niger).

um ein Forsthaus in Hessen im östlichen Taunus – inzwischen erwachsen, zum Förster ausgebildet und berufstätig – seinen ersten eigenen Garten anlegen kann, geht ein Kindheitstraum in Erfüllung. Das Haus liegt in einem Wiesental, vor der Haustür röhren die Rothirsche – nichts Schöneres gibt es für Christian Korsch. Doch der Chef toleriert nicht, dass sein Angestellter so viel Zeit und Kraft in die Gartenarbeit steckt. Er versetzt ihn in die Forstverwaltung. Hofft so, ihn mehr unter Kontrolle zu haben. Eine Entscheidung, gegen die der freiheitsliebende Christian Korsch rebelliert. Dieser will selbst bestimmt arbeiten, will in der freien Natur sein. Entscheidet sich für einen Orts- und Berufswechsel. 1989 findet er am Stadtrand von Lübeck ein Domizil, erneut ein Forsthaus, um das er einen 4000 Quadratmeter großen Garten anlegen kann. Tagsüber arbeitet er im Altenheim, in seiner Freizeit jedoch stürzt er sich in ein neues Gartenabenteuer. Wiederum legt er einfach los, arbeitet mit den Pflanzen, die er aus den früheren Schattengärten schon kennt – Rhododendren, Farne, Funkien, ein paar Rosen. Auf einer Wiese vergräbt er Hunderte Osterglockenzwiebeln und für Frösche legt er kleine Teiche an: Gestaltungselemente, die sich im Brützkower Garten wiederfinden werden.

GRENZENLOS

WO HÖRT DER GARTEN AUF?

SEITE 26/27
Eingekuschelt in die Landschaft wie eine Katze in der Wiese: Nur das Gelb der Rapsfelder macht deutlich, wo das Feld endet und der Garten beginnt.

Heute ist die Schönheit des Brützkower Gartens auf den ersten Blick erkennbar. Beim Kauf des Grundstücks die gärtnerischen Gestaltungsmöglichkeiten erahnen zu können, dazu bedurfte es allerdings einer schöpferischen Gabe. Und mehr als das. Dass der ersehnte Garten sich entwickeln konnte, dafür brauchte es Durchhaltewillen, Hartnäckigkeit, Glaubenskraft und Mut zur eigenen Vision. Über Jahre hinweg. Alte Fotos zeigen, wie viel Arbeit überhaupt erst einmal in das Gelände gesteckt werden musste, damit darauf gegärtnert werden konnte. Bagger mussten anrücken, metertiefer Erdaushub erfolgen, Gebäudereste weggeräumt werden.

Christian Korsch ist kein Theoretiker, der für die Anlage eines Gartens Bücher wälzt oder einen Plan macht. Stattdessen vertraut er seiner Erfahrung und Intuition. »Die Alleinlage in der Landschaft ist das Kapital des Grundstücks. Ich wollte nicht, dass der Garten zu einem Fremdkörper wird. Er sollte eingebunden sein in die schöne Umgebung und diese sollte sich wiederfinden im Garten«, meint er rückblickend. So stellt er sich zunächst

RECHTE SEITE
Am Ende des Laubenganges auf dem Hof fragt der Brützkower Gärtner seine Besucher gern: Wo hört der Garten auf? Wo fängt die Landschaft an?

RECHTS
Das gelbe Rapsfeld macht die Grenze zwischen Garten und Landschaft deutlich.

auf den Hofplatz und lässt die umgebende Landschaft auf sich wirken. Feld und Flur vor seinem Gartentor haben einen parkähnlichen Charakter. Immer wieder finden sich kleinere und größere Baumgruppen. Wasserlöcher, die sogenannten Sölle, liegen wie Augen in den Getreidefeldern. Doch nicht nur diese Inseln, sondern auch Pflanzen wie den allgegenwärtigen Holunder will er als Verbindungsglieder in die Gestaltung einbeziehen. Wenn Christian Korsch heute über das Gelände führt, fragt er ein ums andere Mal: »Wo hört der Garten auf? Wo fängt die Landschaft an?« Und die Besucher, zum Innehalten angehalten, stellen verwundert fest: Tatsächlich, Garten und Landschaft fließen ineinander. Oft lässt sich eine Grenze nicht ausmachen.

Christian Korsch holt das meiste aus dem Genius Loci, dem Geist des Ortes heraus. Dies gelingt ihm durch einen Lernprozess, zu dem – wie es der niederländische Gartengestalter Piet Oudolf formuliert – »das genaue Kennenlernen eines Gartens über eine längere Zeit hinweg ebenso gehört wie die Offenheit gegenüber

RECHTE SEITE OBEN
Am verträumten Weiher wirkt vieles wie natürlich gewachsen. Doch auch hier legt Christian Korsch Hand an.

RECHTE SEITE UNTEN
Fließende Übergänge: Der gemähte Weg durch Brennnesseln markiert die Grenze zwischen Naturgarten und freiem Feld.

LINKE SEITE OBEN
Am Zaun zum Naturgarten mischen sich die Blüten des Ramblers 'Paul's Himalayan Musk' mit den Blättern von Johannisbeeren.

LINKE SEITE UNTEN
Der Blick geht zwischen dem südlichen Hausgiebel mit seiner Rosenmischung geradeaus zu einem der Teiche auf dem Hofplatz.

Einflüssen, die sehr subtil und nicht leicht zu beschreiben sind.«* Konsequent erweitert der Forstmann Christian Korsch sein Wissen um Naturvorgänge und akzeptiert die Standortbedingungen, lässt beides in seine Arbeitsweise einfließen. Ebenso konsequent folgt er bei der Gartengestaltung aber auch seinem Gefühl und seinem ästhetischen Empfinden. Individuell und stimmungsvoll wirkt der Garten heute. Er weckt Emotionen. Hier ist ein jeder der alltäglichen Welt mit ihren gewöhnlichen Anblicken enthoben.

OBEN
Die Kordes-Strauchrose 'Westerland' mit ihren leuchtenden Blüten ist auf dem Hofplatz eine imposante Erscheinung. Mutterkraut (Tanacetum parthenium) *zu ihren Füßen gibt ihr eine natürliche Note.*

* Piet Oudolf, *Neues Gartendesign mit Stauden und Gräsern,* Stuttgart 2007, Seite 94f.)

SATTE SCHÖNHEIT

EIN GARTENRUNDGANG

SEITE 34/35
Dieser Blick bietet sich Besuchern zur Rechten, wenn sie in Brützkow auf den Hof kommen.

Seine Gäste heißt Christian Korsch mit einem Ritual willkommen: Jedem Besucher reicht er vom Tablett ein Glas mit Apfel-Birnen-Saft. Gepresst aus den Früchten seiner Streuobstwiese schmeckt dieser wunderbar. Ein gelungener Empfang und ein wunderbarer Einstieg in die folgende, gut zweistündige Führung. Diese startet der Gärtner am immer gleichen Punkt. Im Rücken das Wohnhaus mit grünen Wänden aus Efeu, Winterjasmin und Wein, mit Rosenramblern an der Dachgaube, zwei kugelig geschnittenen Linden und riesigen Buchsbaumkugeln am Eingang. Vor sich den blumenreichen Hofplatz, der scheinbar nahtlos in das dahinter liegende Rapsfeld übergeht.

Die Rosen- und Staudenüppigkeit am Laubengang ist ein erster Höhepunkt. Und auch das Vorhaben, mit dem Christian Korsch seine Gartengestaltung begann. »Großvater hatte von der Veranda aus eine lange Buchsbaumhecke zu einer Liegewiese gepflanzt. Links und rechts davon standen Stauden. Natürlich liefen wir als Kinder daran immer hoch und runter«, erinnert sich der Gärtner.

RECHTE SEITE
An der Remise entfalten die wunderbar duftenden, kräftig rosa Blüten der Bourbon-Rose 'Louise Odier' und des starkwüchsigen, hellrosa blühenden Ramblers 'Dr. W. van Fleet' ihr Farbenspiel. Zu ihren Füßen eine mächtige Garten-Hortensie (Hydrangea macrophylla) *mit ebenfalls rosaroten Blüten.*

Hier in Brützkow war das Gelände, wo er Ähnliches umsetzen konnte. »Ich überlegte, ob das vielleicht komisch ist, im Garten so eine gerade Linie zu schaffen. Aber in der Landschaft gibt es diese ja auch. Die Bauern beispielsweise legten früher als Schutz für die Felder Hecken, die sogenannten Knicks an«, erläutert er Besuchern. Die stecken derweil schon ihre Nasen in die Blüten von 'The Pilgrim', *R. spinosissima* 'Aicha' und 'Schneewittchen'. Laben sich am Duft von *R. alba* 'Maxima', *R. moyesii* 'Nevada' oder der Portlandrose 'Rose de Resht'. Machen sich auf diese oder jene geglückte Kombination von Rittersporn, Phlox, Lilien und Frauenmantel zu Füßen des Laubengangs aufmerksam. Dieser führt schnurgerade auf eine Bank unter einem Rosenbogen – zusätzlich begrünt mit Efeu und Clematis – zu. Christian Korsch empfiehlt Platz zu nehmen, den Blick zurück durch den grünen Tunnel auf das Haus wandern zu lassen, die Räumlichkeit des Gepflanzten wahrzunehmen. »Das Gewachsene zaubert eine unendliche Tiefe«, schwärmt er.

OBEN
Christian Korsch mit Hut – ein unentbehrliches Utensil bei seinen Gartenrundgängen.

RECHS
Zum Beginn jeder Gartenführung bekommen Besucher ein Glas mit Apfel-Birnen-Saft, gepresst aus den Früchten der Streuobstwiese.

UNTEN
Der Rosenduft verführt immer wieder dazu, seine Nase in einzelne Blüten zu stecken.

1 Wohnhaus mit Linden
2 Remise
3 Scheune
4 Rosenlaubengang
5 Reste von Gehöftmauer mit Rosenbogen
6 Teich an der Scheune
7 Teich mit Sitzgruppe
8 Hühnergarten
9 Kompost
10 Kräutergarten mit Lieblingsrosen
11 Südseite des Hauses mit Rosenmix
12 weiße Bank unter weißen Rosen
13 abendlicher Sitzplatz außerhalb des Grundstücks
14 Blumenwiese
15 Obstbaumwiese mit Rhododendren-Hügeln und Rosenkaskaden
16 Hundsrosenhecken
17 gewundener Rosengang mit Bögen
18 Fundamentreste des früheren Hühnerstalls
19 Naturgarten
20 200 Jahre alte Birne
21 Schafstall
22 Picknickplatz für Besucher
23 Aussichtsplatz
24 Margeritenwiese
25 Brennnesselweg
26 Birkenwäldchen
27 Kopfweiden
28 Teich mit Hahnenfuß
29 Lieblingsbank des Gärtners
30 Teich

OBEN
Ein Hingucker: Während das Reetdach der Scheune wie das Fell einer Robbe schimmert, strahlt am Ende des Laubengangs die gelbe Rose.

GANZ OBEN
Die Bibernell-Rose Rosa spinossisima *'Aicha' erfreut mit einer Fülle von goldgelben Blüten, die außerdem stark duften.*

Doch nicht nur der Rosengang ist zu erkunden. Gleich zwei Teiche mit üppiger Bepflanzung laden ein zu näherer Betrachtung. Prächtiger Rittersporn, zu Blütentürmen gewachsen, streckt sich dem Betrachter entgegen, eine wunderbare wie auch klassische Ergänzung zur Rosenvielfalt. Phlox in changierenden Farben, den Christian Korsch schon in Kindertagen liebte, leuchtet aus dem Blättergrün von Alant und Wasserdost. Weiß-gelbe Blütenknöpfe von Mutterkraut tänzeln um kräftige Lupinen in tiefem Blau.

Der Gärtner lockt Besucher gern zu einer nur vier Quadratmeter großen Fläche an der Remise. Hier ist auf kleinstem Raum eine anregungsreiche Pflanzung zusammengekommen, die im Frühjahr mit Schneeglöckchen, orientalischen Christrosen und Dichternarzissen ins Gartenjahr startet. Zur Rosenzeit entfalten die wunderbar duftenden, kräftig rosa Blüten der Bourbon-Rose 'Louise Odier' und des starkwüchsigen, hellrosa blühenden Ramblers 'Dr. W. van Fleet' ihr Farbenfest, zu ihren Füßen eine mächtige Garten-Hortensie im Topf, mit ebenfalls rosaroten Blüten. Sind die Rosen verblüht, kommen Taglilien und die geschätzte Ball-Hortensie 'Anabell' zur Blüte, und im Herbst schmückt rotes Weinlaub an der Gebäudewand die Pflanzung. »Diese Ecke zeigt, dass die Attraktivität eines Gartens nicht von seiner Größe abhängt«, kommentiert der Gärtner im Gespräch das Gesehene.

Eine kleine Pforte unter Brombeerzweigen führt in den Hühnergarten, der

UNTEN
Auf dem Hofplatz. Das Blattwerk der vielen Rosen bildet am Laubengang einen grünen Tunnel.

GANZ UNTEN
Riesige Terrakottakübel werten einige Stellen im Garten besonders auf, hier eine schattige Partie vor dem Wohnhaus.

RECHTE SEITE
Der Hahn von den Silberlingen, wie Christian Korsch seine selbst gezogene Hühnerrasse benennt, ist ebenso schön anzusehen wie die ihn überdachende 'Seven Sister's Rose'.

OBEN
Die purpurroten Blüten der Austin-Züchtung 'Othello' mischen sich im Hühnergarten mit dem Blattwerk von Wein und Stockrosen (Alcea rosea).

GANZ OBEN
Die alte Bauernrose Alba suaveolens *mit ihren halbgefüllten milchweißen Blüten kann klettern. Im Brützkower Garten erobert das graugrüne Blattwerk an der Scheune das Reetdach.*

obendrein die extra abgegrenzte Kompostanlage birgt. Der Gartenenthusiast versteht es, selbst traditionell unschönen Gartenbereichen Idyllisches abzuringen. Auch hier Rosen über Rosen, eine zauberhafter und duftender als die andere. An der gelben Backsteinwand des Hühnerstalls klettern kontrastreich die Austin-Züchtung 'Othello' mit ihren dichtgefüllten purpurroten und der Barbier-Rambler 'Albertine' mit seinen lachsrosé Blüten empor. Ein Hingucker ist auch der Rambler 'Seven Sister's Rose' mit seinen dunkelrosa, karmin, lila und purpurfarbenen Nuancen an nur einem Blütenbüschel. Der Strauch ist nicht nur wunderschön anzusehen, sondern bietet den Haustieren auch Schutz vor dem Habicht, erfahren die Gäste.

Ergänzend macht der Gartenbesitzer auf etwas Wesentliches im Hühnergarten aufmerksam. Das Gehöft ist hier, im Südwesten, mit einer zweireihigen Hecke aus Hundsrosen *(Rosa canina)* und Büschelrose *(Rosa multiflora)* umpflanzt. Diese sorgt für Windruhe und ein Kleinklima, das das Wachstum in den Beeten

begünstigt. Mit den Hagebutten wächst zudem bestes Vogelfutter heran.

Weiter führt der Weg zum früheren Kräutergarten, der zur Rosenzeit von Blumen überquillt. An dem Buchsbaumgeviert kommen Besucher nur einzeln vorbei. Duft und Farben der hier auf engstem Raum versammelten Lieblingsrosen von Christian Korsch – ausschließlich alte Sorten – lassen sich so am besten genießen. Über viele Wochen blüht und duftet die dunkel karminfarbene bis purpurrote Gallica-Rose 'Charles de Mills'. Ihr zur Seite ihre Schwestern: 'Tuscany Superb' in dunkel purpurbräunlicher Farbe; mit dunkel magentarosa Mitte und lilarosa Rand 'Président de Sèze'; schließlich die üppige, in Büscheln erscheinende, stark duftende und purpur bis mauve und violettgrau blühende 'Belle de Crècy' – ein hinreißender Anblick. Doch damit nicht genug. Die Alba-Rose 'Amelia' entfaltet in vollem Flor unzählige kirschrosa Blütenblätter. Die Moosrose 'Général Kléber' punktet mit rosa bis silbrig schimmernden Blüten. Und die Damaszener-Hybride 'Hebe's Lip' schließlich steuert rahmweiße, ausdrucksvolle Blüten und einen moschusartigen Duft zum Schauspiel bei.

Dieser Charme, diese Verwirbelung der Petalen, dieser Altrosenduft – Christian Korsch kommt ins Schwärmen, wenn er gefragt wird, warum er sich gerade für diese Sorten entschieden

LINKE SEITE OBEN
Die englische Rose 'The Pilgrim' blüht unentwegt: Die seidigen Blütenblätter leuchten in feinstem Gelb, das sich an den Rändern der Blüten wachsfarben aufhellt.

LINKE SEITE UNTEN
Die üppig und weiß-rosa blühende Kletterrose Venusta pendula *wird hier von einer blau blühenden Clematis-Schönheit ergänzt.*

OBEN
Im früheren Kräutergarten sind die Lieblingsrosen von Christian Korsch vereinigt: von links 'Hebe's Lip', 'Charles de Mills', 'Amelia' und 'Président de Sèze'.

OBEN
Die moderne Kletterrose 'Flammentanz' mit ihren feurig roten Blüten leuchtet vor der Backsteinwand des Wohnhauses. Katzenminze (Nepeta), *Mutterkraut* (Tanacetum parthenium) *und Stockrosen* (Alcea rosea) *zu ihren Füßen ergeben ein kontrastreiches Gartenbild.*

hat. »Von den alten Sorten geht ein Zauber aus, der sich mit Worten kaum beschreiben lässt«, gesteht er den Besuchern.

Schon lockt die nächste Rosenpracht. Der Südgiebel des Wohnhauses ist bis an die Fenster und unters Reetdach mit Rosen zugewachsen. Blütenmassen in südlicher Üppigkeit. Die Pflanzen waren nach dem Umzug vergessen, schienen vertrocknet, erzählt der Blumenfreund. Zwei Tage legte er sie in den Teich, und siehe da: Heute bilden sie eine märchenhafte Blütenfülle. »Ich habe das Gefühl, wenn man eine Pflanze vor dem Tode rettet, zeigt sie sich besonders dankbar«, würzt der Brützkower seine Schilderung mit einem Schuss Aberglauben – und erntet das Kopfnicken einiger Besucher.

Schon sind wir hinter dem Wohnhaus, einem sehr kleinteiligen Bereich. Vorbei geht es an halbschattigen Beeten mit Farnen und Funkien, wieder von Buchsbaum umsäumt. Eine reich blühende

LINKS
Eine ganze Reihe von Unbekannten wie diese Rugosa-*Hybride erfreuen im Brützkower Garten die Besucher.*

MITTE
Die Blütentürme des Rittersporns (Delphinium) *ergeben mit den Rosen 'Mozart',* Alba semiplena *und – rechts unten – 'Tricolore de Flandre' eine klassische Kombination.*

Am Schafstall im Naturgarten blüht der Rambler 'Goldfinch' zusammen mit einem Geißblatt (Lonicera): *Dessen Blütenfarbe ist identisch mit den goldgelben Rosenknospen. Die Rosenblüten selbst sind zunächst primelgelb, hellen dann aber auf, bis sie weiß erscheinen.*

Alba-Rose 'Maxima' mit ihren graugrünen Blättern und gut gefüllten, rahmweißen Blüten überdacht eine weiße Bank. In Augenhöhe mischen sich gegenüber die Austin-Züchtung 'Golden Celebration' und die Kordes-Rose 'Schneewittchen', goldgelb die Blüten der einen, reinweiß die der anderen. Dazugepflanzt ist wieder gelb-weißes Mutterkraut mit seinen an Kamille erinnernden Blütenköpfen. Eine heitere Kombination. Christian Korsch greift oft auf die aromatische Heil- und Zierpflanze zurück, weil sie Gartenpartien eine naturnahe Note gibt.

Ein nächster Bereich schließt sich im Norden des Wohnhauses an. Die früheren Besitzer hatten hier ihren Blumengarten. Heute entfaltet die Fläche besonders im Frühjahr ihren Reiz: In den weiß-gelben Flor von Schneeglöckchen und Winterlingen mischt sich zunächst das Hellblau von Wildkrokussen.

Anschließend wächst ein weiß-blau-violetter Teppich von größeren Krokushybriden. *Scilla* und Schneeglanz in schönstem Blau schließen sich an, in das das Scharbockskraut winzige Sonnen setzt. Zum Schluss leuchten auf der Blumenwiese gelber Hahnenfuß, blauer Ehrenpreis und blaue Perlhyazinthen um die Wette. Zur Rosenzeit erleben Besucher eine ganze andere Situation: eine Blutbuche, ein Walnussbaum und ein paar Süßkirschen beschatten die kurz gemähte Wiese. Alte Bäume sind das Kapital

RECHTE SEITE OBEN
Der lauschige Bereich hinter dem Wohnhaus: Neben der Küchentür eine weiße Bank, die von der Alba-Rose 'Maxima' *überdacht wird. Gegenüber umspielen die weißgelben Blütenknöpfe des Mutterkrauts* (Tanacetum parthenium) *die kupfergelben Blüten der modernen Romantikrose 'Golden Celebration' und die reinweißen Schalenblüten der Strauchrose 'Schneewittchen'.*

RECHTE SEITE UNTEN
Sind die Winterlinge (Eranthis hyemalis), *auf der Blumenwiese verblüht, bestimmen größere Krokushybriden das Bild.*

UNTEN
Ein Teppich von Winterlingen (Eranthis hyemalis), *durchsetzt mit Märzenbechern* (Leucojum vernum), *Elfenkrokussen* (Crocus tommasinianus *'Lilac Beauty'*) *und Schneeglöckchen* (Galanthus), *eröffnet den Blühreigen auf der Blumenwiese.*

eines jeden Grundstücks, beschwört Christian Korsch die Gartengäste. Man müsse sie unbedingt erhalten. Atmosphäre lasse sich nur mit ihnen schaffen.

Ein Zeugnis dafür ist der folgende Obstgarten. In den Baumkronen, die die Gartenbesucher bestaunen, hat sich ein ganzes Meer von Rosen- und Clematisblüten entfaltet. Schwer zu sagen, welcher Anblick schöner ist – wenn sich im Frühjahr die ersten Montana-Schönheiten mit den Blüten der Apfel- und Birnbäume mischen oder jetzt im Sommer, wenn die Farben der Rosenblüten die der reifenden Früchte aufnehmen. Ins Auge fällt der Rambler 'Paul's Himalayan Musk', dessen Kaskaden von violettrosa Blütenbüscheln die sich rötenden Kirschen umspielen. Eine Augenweide ist auch der Mirabellenbaum, den der Rambler 'Alexandre Girault' erobert hat. Kräftig rosarote Blüten wippen fruchtig duftend an langen Trieben. Auch *Rosa filipes* 'Kiftsgate' empfiehlt Christian Korsch. Die kleinen, ungefüllten und kräftig duftenden Blüten summieren sich in einem Apfelbaum zu großen cremeweißen Dolden. Im Herbst werden sie orange-gelbe bis orange-rote Hagebutten zu neuen Gartenbildern beisteuern – ein Aspekt, auf den der Pflanzenliebhaber bei der Sortenauswahl Wert legt.

Rosenmeere auch unter den überwachsenen Bäumen: In deren Schutz pflanzte der Gärtner einen sich windenden Weg mit Aus-

LINKE SEITE OBEN
Eine Rosa multiflora *überspannt dive Pforte, die von der Streuobstwiese in den Naturgarten führt. Die weißen Blütenrispen werden sich bis zum Herbst in erbsengroße, rote Früchte wandeln.*

LINKE SEITE UNTEN
Auf die unbekannte Centifolie möchte Christian Korsch bei der Gartengestaltung nicht verzichten.

OBEN
Üppige Buchshecken und -kugeln (Buxus sempervirens) *grenzen die Rosenpracht zum Rasen hin ab. In der Farbenfülle sind sie zugleich Ruhepunkte.*

tin-Züchtungen und zum Teil alten Rosen. Bewusst wählte er nur Sorten, die für gewöhnlich nicht höher als 1,60 Meter werden. Doch der Garten in Brützkow hat seine eigenen Regeln. In dem schweren Lehmboden gedeihen einige Sorten prächtig und sind kaum zu bändigen. So fügte der Gärtner schließlich Bögen hinzu, überspannte sie mit den langen Ranken. Heute erleben Besucher den filigranen Laubengang spannender als anfangs erdacht. In Form geschnittene Sträucher wechseln sich mit kletternden Trieben ab. Das üppige Blätter- und Blütenwerk der Alba-Rose 'Blush Hip', der Moosrosen 'Comtesse de Murinais' und 'Nuits de Young', der Damaszener-Rose 'Gloire de Guilan', der Centifolia-Rosen 'Fantin Latour', 'Tour de Malakoff ' und 'Paul Ricault' – um nur wenige Beispiele zu nennen – umspielt Arme und Beine. Liebliche Düfte parfümieren die Luft, und Tausende Hummeln, Bienen und Wespen summen dazu ihre Melodie – ein sinnliches Vergnügen.

Aus dem Obst der Streuobstwiese wird im Herbst leckerer Apfel-Birnen-Saft gepresst, den Christian Korsch bei seinen Gartenführungen den Besuchern anbietet.

Auch auf der Streuobstwiese hat die robuste Strauchrose 'Schneewittchen' ihre Blütenschönheit entfaltet, ergänzt von den kamilleartigen Blütenköpfen von Mutterkraut (Tanacetum parthenium). *Im Hintergrund der üppige und hohe armenische Storchschnabel* (Geranium psilostemon) *mit seinen kirschroten Blüten mit dunklem Auge.*

Einen letzten Rosenhöhepunkt erwartet Besucher im hinteren Bereich der Obstbaumwiese. Auf dem Fundament des ehemaligen Hühnerstalls haben Austin-Rosen eine Pergola überwachsen. Der Myrtenduft der blütenübersäten reinrosa 'Constanze Spry' mischt sich mit dem von 'The Countryman', ergänzt von den wohlriechenden weinroten Blüten von 'Chianti'. Dazu gesellen sich die kräftig rosa Blüten von 'Ballerina' mit ihrer weißen Mitte, die bis in den Herbst hinein große Blütenbüschel hervorbringt und leuchtend rote, erbsengroße Hagebutten bildet.

Dann geht es durch eine Pforte in den Naturgarten. Einst befand sich hier ein zweites Gehöft. Doch davon künden nur noch eine 200-jährige Birne und ein alter Schafstall aus Holz, der natürlich von Rosen umrankt ist. »Je weiter der Garten in die Landschaft ausläuft, desto zarter müssen die Farben und einfacher die Rosenblüten werden«, unterstreicht der Gärtner. Er orientierte sich an den gelbweißen Blüten des Holunders, steuerte mit der *Clematis orientalis* 'Bill MacKenzie' und der zartgelben Austin-Rose 'The Pilgrim', die bis zum Winter nachblüht und fruchtig, manche meinen auch veilchenartig duftet, weitere Nuancen zum Spiel der Schöpfung bei.

Im Naturgarten selbst wächst kaum noch eine Rose. Die Aufmerksamkeit konzentriert sich auf Anderweitiges. Achsen lenken Blicke in die Landschaft. Mehrere akkurat geschnittene Kopf-

LINKS
Dieser große Kirschbaum auf der Streuobstwiese ist zur Blütezeit ein schöner Anblick, später wird der Rambler 'Paul's Himalayan Musk' für eine zweite »Baumblüte« sorgen.

RECHTE SEITE
Ein Mirabellenbaum ist auf der Streuobstwiese von dem Rambler 'Alexandre Girault' überwachsen. Die kräftig rosaroten und fruchtig duftenden Kaskaden sind für jeden Gartenbesucher ein Hingucker.

weiden, ein typisches Element der mecklenburgischen Landschaft, verbinden den Garten mit der Umgebung. Und von der Lieblingsbank des Gärtners nehmen die Gäste einen Blick auf einen urigen Weiher, überwachsen mit zierlichem Wasserhahnenfuß. Dahinter, an seinem Ufer, ausladende Blätter eines Mammutblattes *(Gunnera)*.

Ist der Teich umrundet, geht es zurück zum Wohnhaus. Noch einmal können die Besucher sich satt sehen an der Rosenflut, können sie sich satt riechen. Und manch einer wird anschließend der Edelsten unter den Blumen hoffnungslos erlegen sein. So wie der Brützkower Gärtner.

LINKS
Die lachsroten Blüten der R. wichuraiana-*Hybride 'Leontine Gervais' mit ihren gelben und kupferroten Schattierungen und ihrem süßen Duft scheinen in der Luft zu schweben.*

RECHTS
Violettrosa Blütenbüschel des Ramblers 'Paul's Himalyan Musk' umspielen auf der Streuobstwiese die Früchte einer Knopper-Kirsche.

ROSEN ALLÜBERALL

VOM REIZ DES EINMALBLÜHENS

SEITE 58/59
Die dichtgefüllten Röschen der englischen Rose 'Leander' erscheinen vor dem Himmel in einer Farbskala von tiefem Apricot bis zu hellem Lachsrosa.

Rhododendrenblüten spielten die Hauptrolle in den ersten Gärten von Christian Korsch. Ins Hintertreffen gerieten sie nach einem wegweisenden Erlebnis bei seiner Gartenfreundin Ingrid Engl. »Zweige einer Ramblerrose mischten sich mit den Blüten einer Austin-Rose. Das fand ich so faszinierend, dass ich dachte, ich muss mehr mit Rosen machen«, erinnert sich der Gärtner an jenen Besuch. So kauft er für den Lübecker Garten seine ersten englischen Rosen. Ihn begeistert, dass sie den Charme alter Sorten besitzen, deren Duft und Blütenformen vereinen und zugleich öfter blühen. Als er in Brützkow den Laubengang auf dem Hofplatz anlegt, greift er auf sie und ein paar alte Rosen, die ihn seit seiner Kindheit begleiten, zurück. Darunter die Alba-Sorten 'Maxima' und 'Semiplena' und eine stark duftende, aber unbekannte Centifolie, deren Rosarot mit silbern überhauchter Außenseite zu einer üppigen Pracht heranwächst. Doch schon der erste harte Winter in Mecklenburg mit 24 Grad minus lehrt den Gärtner: Auf dem Hofplatz, in der offenen Lage, überleben nur die robustesten Sorten! Das sind alte Rosen. Und weil der

RECHTE SEITE
Der nach dem amerikanischen Komiker und Schauspieler benannte Rambler 'Chevy Chase' blüht im Juni mit einer Masse dichtgefüllter, scharlachroter und leicht duftender Blüten. Im Brützkower Garten komplettieren Blütendolden des Holunders das Gartenbild.

OBEN
Die kräftig rosaroten Blüten der Strauchrose 'Mozart' mit ihrer weißen Mitte neben dem tiefen Apricot der Austin-Züchtung 'Leander' – eine farblich ungewöhnliche Zusammenstellung.

LINKS
Ein lauschiger Sitzplatz hinter dem Haus mit der Alba-Rose 'Maxima'.

Rosenfreund Sorten hat, die nie veredelt und deshalb wurzelecht sind, besitzt er inzwischen unendlich viele Kinder von ihnen.

An die 2000 Rosen in etwa 250 vorwiegend alten Sorten sind im Brützkower Garten gepflanzt. Der Ehrgeiz von Christian Korsch besteht nicht darin, noch mehr Sorten zu beheimaten. Stattdessen greift er bei der Ausgestaltung auf Pflanzen zurück, die sich wohl fühlen, die sich im Norddeutschen bewährt haben. Diese danken es ihm, indem sie in den Himmel wachsen.

Zu seiner Leidenschaft befragt, muss der Gärtner schmunzeln. Ja, gibt er zu, er sei den Rosen verfallen. Mit Haut und Haar. Der Duft sei für ihn das Wesentlichste. Zudem habe er an alten Rosen lieben gelernt, dass sie nur einmal im Jahr blühten. Vielleicht sei das der Reiz überhaupt, sinniert er. Vom Rhododendron erwarte man schließlich auch keine zweite Blüte. Die schönste Zeit ist für Christian Korsch das Anfangsstadium. Wenn die Pflanzen

OBEN
Die Blütenquirle der ziegelroten Indianernessel (Monarda *'Kardinal'*) *vertiefen die dunkelrosa Töne der alten* Gallica-Rose *'Aimable Amie'*.

OBEN
Die unbekannte Centifolie ist eine von Christian Korsch am meisten verehrte Rosensorte.

voller Knospen stehen und die ersten sich öffnen … Sicher, die Rosenblüte sei eine überwältigende Pracht. Doch der Gärtner liebt den Anfang, dem ein Zauber innewohnt, wie Hermann Hesse schrieb. Auch sein Geschmack habe sich gewandelt. Statt opulenten Rosen mit dicken Knollenblüten gibt der Brützkower heute einfachen Blüten mit gelben Staubgefäßen den Vorzug. Dafür verlängert er den Blütenflor, ergänzt oft zwei, drei Rosen mit farblich darauf abgestimmten Clematis und immergrünem Efeu.

Sorten allein nach der Blüte auszuwählen, diese Zeit ist bei dem Rosenfreund vorbei. Heute schaut er auch darauf, welche Hagebutten die Rose ausbildet. Im Herbst und im Winter, wenn die Früchte vor dem Efeu prangen, ergäben sich wunderschöne Gartenbilder. Die allerschönste Hagebutten-Bildnerin ist für den Gärtner die Ramblersorte 'Venusta Pendula', deren fast weinrote Früchte Vögel verschmähen und die deshalb dem Garten lange erhalten bleiben. Drosseleiergroß wachsen die Hagebutten der Austin-Züchtung 'Shropshire Lass' heran, die manche Rosenkataloge als Hagebuttenrose hervorheben. Auch die Kordes-Strauchrose 'Westerland', stark bestachelt und orange blü-

OBEN
Eine namenlose alte Rosenschönheit, die hinter der Scheune zusammen mit Ackerschachtelhalm einen spannungsvollen Kontrast bildet.

hend, wartet mit eindrucksvollen Hagebutten auf. »Sie hat diese Lachsfarbe, auf die ich im Gartencenter nie reflektiert hätte«, bekennt Christian Korsch gegenüber Gästen. Doch ein Freund hatte sie geschenkt, und weil dieser immer wieder nachfragte, was die Rose mache, musste sie natürlich auch gepflanzt werden. »Aus zeitlichen Gründen schaffte ich es nicht, das Abgeblühte wegzuschneiden. So bildeten sich große, runde Früchte. Die alten Kelchblätter, die einst die Knospe umhüllten, standen später wie ein Weihnachtsstern über der Hagebutte«, begeistert sich der Gärtner und ziert seitdem jedes Weihnachtsgeschenk damit. Rosenfreude, die bis in den Winter reicht.

OBEN
Dichtgefüllte zartrosa Blüten mit etwas dunklerer Mitte erblühen an der alten Centifolie 'Fantin Latour'.

1

2

3

4

5

1 *Weil manche Versandgärtnereien im Falle einer ausverkauften Rose eine Ersatzpflanze schicken, diese aber nicht immer korrekt ausweisen, tummeln sich im Brützkower Garten auch Rosen, bei denen Christian Korsch sich der Sorte nicht sicher ist: Dies soll die englische Rose 'Sharifa Asma' sein.*

2 *Unentwegt erscheinen an der englischen Rose 'The Pilgrim' die rosettenförmigen Blüten in feinstem Gelb.*

3 *Am Ende des gewundenen Laubengangs auf der Streuobstwiese ist diese Schönheit zu entdecken: Die englische Rose 'Cymbaline' duftet stark nach Myrrhe.*

4 *Die englische Strauchrose 'Apricot perfait' gilt als die Rose von David Austin mit dem kräftigsten und köstlichsten Duft. Die Blüten am Brützkower Hühnerstall variieren von Apricot, Gelb und Wachsfarben bis Rosa.*

5 *Die moderne Strauchrose 'The Countryman' hat die Ausstrahlung einer alten Rose.*

6 *Am Gartentor mischen sich Weinblätter mit der Apfelrose* Rosa rugosa. *Die leuchtend roten Früchte sind essbar.*

7 *Erntesegen auf der Streuobstwiese. Zur Familie der Rosengewächse* (Rosaceae) *gehören übrigens neben den namengebenden Rosen auch viele bekannte Obstarten wie zum Beispiel der Apfel.*

8 *Mit scharlachrotem Fruchtbehang leuchtet im Herbst die Hundsrose* Rosa canina. *Sie ist ein wichtiges Vogelnährgehölz. Im Hintergrund ein Pfaffenhütchen* (Euonymus europaeus).

BILDER PFLANZEN

Zur Biedermeierzeit malte der Däne Johan Laurentz Jensen, ein Freund des Märchendichters Hans Christian Andersen, zarte Blütenkörbe, duftige Buketts und anmutige Kränze. Die heiteren Blumenträume des Kopenhageners hat Christian Korsch heute im Hinterkopf, wenn er an die Kombination von Pflanzen in seinem Garten geht. Klassische Zusammenstellungen, wie das Rot der Rosen vereint mit zartem Blau von Katzenminze oder Rittersporn und frischem Grün von Frauenmantel findet er gelungen. Doch liebt er auch Taglilien oder *Allium*-Sorten, wenn diese aus tiefem Grün hervorleuchten. Es freut ihn, wenn sich zu der gepflanzten Rose und dem Mädesüß eine Lupine, Margeriten oder Kerbel gesellen. Doch ihn fasziniert auch das farblich gewagte Zusammenspiel der leuchtend rosaroten Blüten der Strauchrose 'Mozart' mit ihrer weißen Mitte und das tiefe Apricot der Austin-Züchtung 'Leander'. »Was für ein schönes Bild. Da könnte man wieder den berühmten Rahmen drum herum setzen, einen gestreiften Käfer rein, und fertig ist das Stillleben«, sagt er dann zu Besuchern. Nach Prinzipien, Regeln oder gar

RECHTE SEITE
Ein malerisches Gartenbild: Der hochwachsende armenische Storchschnabel (Geranium psilostemon) *und Mutterkraut-Blüten* (Tanacetum parthenium) *umrahmen die reinweiße Blüten der Strauchrose 'Schneewittchen'.*

OBEN
Rosa filipes 'Kiftsgate', die bekannteste Kletterrose des Himalaja, überwächst einen Baum auf der Streuobstwiese, während sich im Buchsbaumbeet die üppigen Blüten der modernen Romantikrosen 'Charles Austin' und 'Othello' zu einer intensiven Farbigkeit verbinden.

einem Pflanzrezept befragt, sperrt sich der Gärtner. »Mein ästhetisches Empfinden kommt aus meinem Inneren. Ein anderer mag das ganz anders sehen«, argumentiert er und will nicht Maßstab sein. Doch er hat durchaus den einen oder anderen Rat, wie sich romantische Gartenbuketts schaffen lassen: gefüllte Rosenblüten mit einfachen mischen. Drei, vier Sorten zusammenpflanzen. Diese mit farblich sich anlehnenden Clematis ergänzen. Am Anfang gründlich wässern, damit Wurzeln in die Tiefe wachsen und Pflanzen besser Fuß fassen. Mit ein paar Händen Hornspänen im Herbst für nötige Nährstoffe sorgen. Begreifen, dass manche Pflanzen für den eigenen Garten nicht geschaffen sind und die Finger davon lassen. Mit jenen arbeiten, die im Garten gut gedeihen. Sich konzentrieren auf wenige Blütenfarben. Jedoch auch mal eine Abweichung zulassen. Genügend Rasen einplanen und diesen immer kurz halten, damit die grüne Fläche einen wirkungsvollen Kontrast zu Staudenbeeten bildet, dem Garten mehr Größe und Tiefe gibt und in der Blütenmenge genügend Ruhezonen für das Auge entstehen.

Wenn Christian Korsch von dem Eindruck spricht, den sein Garten vermitteln soll, fällt immer wieder das Wort Romantik. Ohne dass er genau sagen könnte, wie er diese erreicht. Doch wer seine Augen über die Gartenanlage schweifen lässt, stößt auf das subtile Farb- und Formenspiel des Gärtners, erkennt die

RECHTE SEITE OBEN
Rosen erklimmen Wände und das Dach der Scheune auf dem Hofplatz. Im Vordergrund die moderne Strauchrose 'Westerland' von Kordes.

RECHTE SEITE UNTEN
Gehölze und Stauden bilden auf dem Hofplatz eine Pflanzeninsel: Eine Magnolie (Magnolia), *Blutberberitze* (Berberis thunbergii *'Atropurpurea') und Stechpalme (Ilex) sind kombiniert mit Farnen, Kreuzkraut* (Ligularia), *Storchschnabel* (Geranium), *Taglilien* (Hemerocallis) *und einer gelben Liliensorte* (Lilium).

OBEN
Die reinweißen Blüten der Kordes-Strauchrose 'Schneewittchen' strahlen mit den Wolken um die Wette.

sanften, allmählichen Farbübergänge, entdeckt verschiedenste Blatttexturen und stößt auf die kluge Einbeziehung von Sträuchern in die Beetgestaltung. Feuerroter Orientalischer Mohn erhebt sich im Frühsommer am Teich aus dem Blättergrün von Buchs, Farn und Efeu. Tautropfengras, dazu eine Akelei und die Hosta-Hybride 'Francee', gepaart mit einem üppigen Rhododendron und einer Bauernrose, hellen mit ihren differierenden Weißtönen Schattenbereiche hinter dem Wohnhaus auf. Neben einer graublauen Funkie *(Hosta sieboldiania)* streckt auf der Streuobstwiese die *Allium*-Sorte 'Globemaster' ihre violetten Kugelköpfe in die Höhe. Farblich perfekt abgestimmt auf den Hintergrund – ein pink blühender Rhododendrenhügel.

Der Garten in Brützkow ist aus einem Guss. Wiederkehrende Elemente wie Kugeln und Beeteinfassungen aus Buchs, Rosenbögen und Laubengänge, sparsam verwendete Holzmöbel und

OBEN

Naturnahe Gartenbilder finden sich im Brützkower Garten oft: Hier ergänzen die Blüten von Giersch (Aegopodium podagraria) *und das Blattwerk von Wasserdost* (Eupatorium) *und Federmohn* (Macleaya) *die Blütenfülle einer unbekannten Centifolie.*

MITTE

Am Rande der Blumenwiese mischen sich die dichtgefüllten Blüten der unbekannten Centifolie mit den einfachen Blüten einer weißen Rosa canina.

LINKS
Vieles ist im Brützkower Garten sorgsam arrangiert: Eine Clematisblüte schmückt die Abwurfstange eines Rothirschs.

GANZ LINKS
Christian Korsch möbliert seinen Garten sparsam. Ab und an ein Stuhl oder eine Bank laden dazu ein, Platz zu nehmen und besondere Ausblicke zu genießen.

LINKE SEITE
Gartenbilder, wie sie Christian Korsch vorschweben: Die Clematis 'Kardynal Wyszynski' harmoniert mit den dichtgefüllten Röschen der englischen Kletterrose 'Leander' in Apricot.

riesige Terrakottakübel verbinden die einzelnen Gartenbereiche. Dazu gesellt sich ein überschaubares Pflanzenspektrum, das Christian Korsch auf dem großflächigen Gelände immer wieder variiert, ja manchmal sogar rhythmisch wiederholt. Und noch etwas, etwas Wichtiges sogar, sorgt für den harmonischen Gesamteindruck: Christian Korsch folgt bei seinen Pflanzenmischungen den Vorschlägen der Natur.

UNTEN LINKS
Die Fruchtstände der großblütigen Alpen-Waldrebe (Clematis macropetala), *die schon im Frühjahr blüht, gesellen sich auf der Streuobstwiese zu den ersten Klaräpfeln.*

UNTEN
Ein Pfaffenhütchen (Euonymus europaeus) *leuchtet im Herbst vor dem Nordgiebel des Wohnhauses. Ihm zu Füßen Buchs* (Buxus sempervirens) *und Fetthenne* (Sedum).

GIERSCH & CO.

HAND IN HAND MIT MUTTER ERDE

SEITE 76/77
Ein Bild wie aus der Zeit von Hans Christian Andersen. Die Blüten der unbekannten Centifolie mischen sich mit dem Blütenweiß von Giersch (Aegopodium podagraria). *Danach bestimmt die Staudenwicke* (Lathyrus latifolus) *das Bild.*

Der Brützkower Gärtner offenbart Besuchern seine Botschaft: »Ich habe hier gelernt, mit der Natur Hand in Hand zu arbeiten.« Sein Großvater habe ihm einst beigebracht, Giersch, Winde und Schachtelhalm den Garaus zu machen. Er selbst sei diesem Rat über Jahre hinweg gefolgt, habe dann aber begriffen: Den Kampf gegen die Natur kann kein Gärtner gewinnen! Heute arrangiert sich der Brützkower mit den scheinbaren Unkräutern, hat mit ihnen Frieden geschlossen. »Ja, ich habe sie sogar liebgewonnen«, gesteht er. Denn sie schaffen natürliche Bilder, die von einem Gärtner nicht besser erdacht sein könnten. Wasserdost, Mohn, Rittersporn, Brandkraut, Nachtviolen, Margeriten und Lupinen, kombiniert mit dem, »was Mutter Natur mir schenkt«, führt zu Gartenansichten, die Christian Korsch nicht mehr missen mag. Die natürlich aber niemals gewollt aussehen. Ein Beispiel für das Hand-in-Hand-Arbeiten sei der Rittersporn: Dicke Stauden habe der Gärtner aus dem Lübecker Garten nach Brützkow gebracht. Doch dort, wo er sie vor Jahren pflanzte, sind sie längst nicht mehr. Stattdessen verteilten Ameisen und Drosseln

RECHTE SEITE
Wollziest (Stachys byzantina), *weißer Kandelaberehrenpreis* (Veronicastrum virginicum *'Album'*), *Storchschnabel* (Geranium psilostemon *'Patricia'*) *und Mutterkraut* (Tanacetum parthenium) *füllen ein Beet auf der Streuobstwiese. Im Hintergrund die Ramblerrose aus Dänemark, 'Lykkefund', die eine kleine Wildkirsche erobert hat und Bienen magisch anzieht.*

RECHTS
Vieles geschieht im Brützkower Garten, ohne dass Christian Korsch seine Hände im Spiel hatte: In einer Weide im Naturgarten hat sich beispielsweise eine Stachelbeere angesiedelt.

UNTEN
Blätter einer Stockrose (Alcea rosea) *schieben sich am Südgiebel des Hauses zwischen die dunkelroten Blüten der Kletterrose 'Flammentanz'.*

Samen aus dem Kompost und nun wächst der Rittersporn dort, wo er sich wohlfühlt. Andere Beispiele lassen sich finden: Holunder, der sich in einer Betonritze ansiedelte und nun Gerüst für eine Kletterrose ist. Lupinen, die in den Fundamentritzen der alten Scheune ideale Bedingungen vorfinden und daher prächtig gedeihen. Frauenmantel im Backsteinboden des früheren Hühnerstalls, der sich zu Füßen von Rosen zu einem grünen Teppich summiert. Oder Schachtelhalm hinter der Scheune, dessen zarte Halme zu den prallen Blüten einer roten Centifolie einen spannungsvollen Kontrast bilden.

Den Garten genau beobachten und sich die Eigendynamik der Natur zunutze machen, darin sieht Christian Korsch seinen Weg, mehr Beglückung im Garten zu erleben. Wenn sich Pflanzungen, die er schuf, verselbständigen, wenn sie ihr Eigenleben, ihre Eigendynamik entwickeln, dann ist sein Ziel von naturnahem Gärtnern erreicht. Christian Korsch will die Natur nicht beherrschen, will sie nicht zähmen. Sondern akzeptiert, dass die lebendigen Dinge, mit denen er arbeitet, ihren Rhythmus haben, ihren eigenen Zyklen gehorchen. »Ich möchte Giersch und Winde nicht idealisieren«, stellt er klar. Es sei ganz wichtig, die Dinge im Gleichgewicht zu halten, sei wichtig, die Zusammenhänge, wie sie sich in der Natur abspielen, zu begreifen. Doch es

RECHTE SEITE OBEN
Im Naturgarten finden sich kaum noch Rosen: Eine Rosa alba semiplena *mit ihren fast ungefüllten Blüten mit goldgelben Staubgefäßen ist ein klug platzierter Hingucker auf der Wiese.*

RECHTE SEITE UNTEN
Wo hört der Garten auf, wo fängt die Landschaft an? Diese Frage stellt sich am Rande des Naturgartens, wo sich die Raps-Samenstände mit den Blüten der Hundskamille mischen.

OBEN
Mutterkraut (Tanacetum parthenium) *und Frauenmantel* (Alchemilla) *zu Füßen der Strauchrose 'Westerland' machen viele Gartenbereiche üppig und natürlich. Im Hintergrund klettert die historische Strauchrose* Rosa alba suaveolens *die Scheunenwand empor.*

sei möglich, sie behutsam zu lenken, ist er überzeugt. Natürlich, so schildert der Gärtner, muss die erste Generation an Winde entfernt werden. Doch schon die zweite kann abgeblühte Lupinen- und Rosenäste als Gerüst nutzen und erfreut im Sommer mit ihren schönen weißen Trichtern und im Herbst mit gelbem Laub. »Der Natur die Dinge ablauschen« – darin sieht Christian Korsch eine Möglichkeit, dem Garten ein harmonisches Antlitz zu geben. Und da er seit Jahren in Brützkow danach gärtnert, fühlt er sich reich beschenkt. Seine Überzeugung ist herangereift: »Reiche der Natur den kleinen Finger und sie gibt dir mit beiden Händen zurück.«

RECHTE SEITE OBEN
Dieser Rosenbogen trennt den Bereich hinter der Scheune von dem Hofplatz ab. An ihm mischen sich der Rambler 'Paul's Himalayan Musk' und die bulgarische Ölrose 'Trigintipetala' (links), aus der man seit über 300 Jahren rund um die bulgarische Stadt Kazanlik Rosenöl gewinnt.

RECHTE SEITE UNTEN
Das Blätterwerk von Wasserdost (Eupatorium), *Alant* (Inula) *und Phlox erhebt sich vor der stattlichen Centifolie, die Christian Korsch schon seit seinen Kindertagen begleitet.*

WICHTIGE ZUTATEN

GRÜN GIBT STRUKTUR

SEITE 84/85
Ein Blick vom Ende des Laubengangs auf den Hofplatz macht deutlich, dass Immergrünes wie Efeu (Hedera helix) *und Buchs* (Buxus sempervirens) *wichtige Komponenten im Brützkower Garten sind.*

Die Qualität des Brützkower Gartens zeigt sich im Winter. Die Immergrünen spielen dann die erste Geige: Schnurgerade Reihen und Kugeln aus Buchs, die den Gartenbereichen Struktur geben; mehrere Fichten, ein immergrüner Mammutbaum und eine Schwarzkiefer, die den Ankommenden schon von Weitem grüßen; Efeu als Hintergrund für Hagebutten und Winterjasmin und – nicht zu vergessen – die Rhododendren. Letztere sind ein Erbe aus den Vorgängergärten von Christan Korsch. Ein Erbe, das nicht geschaffen schien für den Brützkower Boden. »Der Rhododendron steht wie in einem Topf. Als Flachwurzler weigert er sich, auch nur einen Millimeter in den fetten Lehm vorzudringen«, schildert der Gärtner die Situation, mit der er konfrontiert war. Glücklicherweise brachte ihn sein Bruder auf eine Idee. Der nämlich bildet für seine Rhododendren große Hügel aus Laub. Was mit den Blättern gelingt, sollte auch mit Torf möglich sein, überlegte Christian Korsch. Und so bestellte er sich einen ganzen Container davon und startete einen Versuch: Direkt auf den gewachsenen Boden schüttete er Torf zu großen Hügeln, an die sechzig Schubkarren, reicherte diesen mit Hornspänen an und setzte darauf dicht bei dicht die Rhododendren. Manchmal zwanzig, dreißig Exemplare. Die bekommen nun alljährlich das ganze Walnuss- und Eichenlaub und haben sich inzwischen zu stattlichen Sträuchern entwickelt. Aus dem Brützkower Garten

RECHTE SEITE
Schnurgerade Buchsreihen hatte schon der Großvater. Im Brützkower Garten bilden sie auf dem Hofplatz das strukturelle Gerüst für den Laubengang.

OBEN
Die Blütenbüschel der Moschus-Rose 'Ballerina' hängen locker über der fast meterhohen Buchshecke – auf diese Weise werden die oft »nackten« Rosenfüße verdeckt.

sind sie nicht wegzudenken. Sie bilden die Inseln, die sich vor dem Gartentor als Sölle in den Feldern wiederfinden. Schon vor der Rosenblüte tauchen sie den Garten überdies in ein Farbenbad. Weiß, hellrosa oder pink erblühen dann die riesigen Büsche.

Wichtige Strukturgeber sind auch Buchs und Efeu. Christian Korsch stimmt ein Loblied auf sie an. »Beides sind die anspruchslosesten Pflanzen, die ich überhaupt in meinem Leben kennengelernt habe«, betont er. Wenn man die Immergrünen beim Einwachsen wässert, so ertragen diese später die schlimmsten Trockenperioden. Den Buchs schneidet der Gärtner, anders als üblich empfohlen, Ende September. Dann steht er gerade noch im Saft, reagiert mit der Ausbildung von Knospen und kann diese dann im Frühjahr austreiben. Wird früher geschnitten, macht der Johannitrieb oft noch einen zweiten Schnitt notwendig. »Dies ist nur meine Erfahrung«, betont der Gärtner, und dürfe nicht verallgemeinert werden. Doch so falsch kann Christian Korsch nicht liegen, denn der Buchs gedeiht in Brützkow hervorragend und wird von Jahr zu Jahr prächtiger.

RECHTE SEITE OBEN
Die Qualität des Brützkower Gartens zeigt sich im Winter: Immergrünes spielt dann die Hauptrolle. Befreit von der Rosenfülle des Sommers schälen sich die Buchsreihen (Buxus sempervirens) *am Laubengang und dem Rosenbogen deutlich heraus.*

RECHTE SEITE UNTEN LINKS
Stattliche Buchskugeln und Rhododendrenhügel sind im winterlichen Brützkower Garten wichtiges Immergrün.

RECHTE SEITE UNTEN RECHTS
Die gärtnerischen Eingriffe sind auch im Naturgarten jederzeit spürbar. Bei Schnee wirken die akkurat geschnittenen Kopfweiden besonders gut.

DER GÄRTNER

WEITER GEHT'S

SEITE 90/91
Ein schöner Tag ist für Christian Korsch, wenn er in seinem Garten ungestört sein Arbeitspensum erledigen kann.

Einen Wecker braucht Christian Korsch nicht. Wenn die Vögel zu zwitschern beginnen, dann hält ihn nichts mehr im Bett. Sommers wie winters. Im Schlafanzug durch den Garten gehen, das ist für ihn der schönste Moment. »Diese friedliche Stimmung kann man dem Garten am Tag sonst nicht abgewinnen«, ist er sicher. Zunächst werden Lieschen und Brummerle, die beiden Katzen gefüttert. Dann stapft er los, ist manchmal länger unterwegs als gedacht, schaut hier noch, schaut dort noch. Auch seine Zwischenmahlzeit, jeden Tag ein Apfel, genießt er im Grünen. Er sucht sich einen Stuhl oder eine Bank, freut sich über den gewählten Blickwinkel, lässt die Schönheit des Moments auf sich wirken. »Aber dann sehe ich auch schon wieder, was alles zu tun ist, und es geht weiter«, erzählt der Gärtner.

An dieser Stelle soll deshalb das enorme Arbeitspensum des Gartenbesitzers zur Sprache kommen. Und gewürdigt werden! Ein 25 000 Quadratmeter großes Gelände allein zu pflegen, dieses Soll scheint übermenschlich. Deshalb schwingt in der Bewunderung des Gartens und seines Besitzers auch immer die Hoch-

RECHTE SEITE
Akkurat und unter vollem Körpereinsatz werden in der blätterlosen Zeit die beiden Linden am Hauseingang in Form geschnitten.

OBEN
Ohne Hut bei der Gartenarbeit – so kennen die wenigsten Gartenbesucher Christian Korsch.

OBEN RECHTS
Beim Frühjahrsputz werden Rosen und andere Gehölze kräftig zurückgeschnitten.

achtung vor dessen getaner Arbeit mit. Vom frühen Morgen bis in den späten Abend hinein ist dieser auf den Beinen und bewältigt ein kaum zu überschauendes Maß an Aufgaben. Wer Christian Korsch kennt, weiß, dass er eine jede davon mit äußerster Sorgfalt ausführt, dass er Mühe in das kleinste Detail steckt. Denn er ist nicht nur ein Ästhet, er ist auch ein Perfektionist. Ein unermüdlicher! Am Gartentor flicht er liebevoll eine Weinranke zwischen die Zaunlatten. Aus dem Blätterwerk der Efeuwände sammelt er gründlich alles Vergilbte heraus. Und verblühte Rhododendrenblüten knipst er manchmal stundenlang aus. Riesenbusch für Riesenbusch. »Der schönste Tag ist für mich, wenn ich nirgendwo hin muss, niemand kommt und ich im Garten sein und arbeiten kann«, gesteht er. Das Tun im Garten empfindet er als Freude, auch wenn es bis in die Dämmerung dauert und er sich eine Stirnlampe aufsetzen muss. Selbstbestimmt sein Werk zu verrichten, seine ästhetischen Empfindungen umzusetzen und sich in seinem eigenen Freiheitsdrang nicht einschränken zu müssen – das ist es, was Christian Korsch an seinem Gärtnerleben schätzt. Hinzu kommt, dass er sich fürstlich belohnt fühlt. »Ich bekomme aus dem Garten mehr zurück, als ich ihm

RECHTE SEITE OBEN
Für ein gutes Foto sollte uns kein Weg zu weit sein. Mit einer Leiter unterm Arm lockt uns Christian Korsch Hunderte Meter durch ein Rapsfeld. Diese Stelle kennt er gut. Rechts geht es abwärts. Hier wird im Winter gerodelt.

RECHTE SEITE MITTE
Zum täglichen Arbeitsprogramm in Brützkow gehört auch das Füttern der Hühner.

RECHTE SEITE UNTEN
Eine jede Arbeit wird mit äußerster Sorgfalt ausgeführt: Damit Beetränder – in diesem Fall die Blätter eines Rhododendrons – nicht unter die Räder kommen, werden sie beim Rasenmähen mit einem Stock hochgehoben.

gegeben habe«, sagt der Brützkower und meint damit nicht nur die Bewunderung der Besucher. Der Garten selbst steckt für ihn jeden neuen Tag voller Zauber. Eigentlich kennt er ihn zu jeder Tagesstunde, bei jedem Wetter, zu jeder Jahreszeit. Dennoch kann er sich immer wieder neu begeistern. Nach der Rosenblüte ist es mit der Schönheit des Gartens nämlich nicht vorbei. Dieser macht nur eine kleine Verschnaufpause, um mit neuerlichen, allerdings sanfteren Blühhöhepunkten aufzuwarten. Mit dem Vergehen der Rosen kommen die Taglilien, blühen die Hortensien auf. Welchen Blumen er den Vorrang geben soll? Christian Korsch wüsste es nicht zu sagen.

Manchen Besuchern mag der Garten vollendet erscheinen. Der Brützkower sieht das anders. Seine Devise lautet: Nach den Gartenbesuchen ist vor den Gartenbesuchen. Er findet immer noch ein Plätzchen, immer noch eine Ecke, die sich variantenreicher, die sich anmutiger gestalten lässt. Beendet ist die Gestaltung des Gartens nicht. Im Sinne des Staudenzüchters Karl Foerster hat der Brützkower seinen Garten damit wohl zu Recht verdient. Nach der Ausgestaltung des Grundstücks mit Rosen steht nun die Verschönerung des Naturgartens auf der Tagesordnung. Die Arbeit mit den alten Bäumen, mit »den urigen Gesellen«, wie Christian Korsch sie nennt, zieht ihn in den Bann. Das Planen und Gestalten geht weiter …

VERZEICHNIS DER ABGEBILDETEN PFLANZEN

Kontakt

Der Paradiesgarten ist ausschließlich nach telefonischer Voranmeldung und nur bei einer Führung zu besichtigen. Geöffnet ist von Mitte Mai bis Mitte Juli. Der Eintritt ist zu erfragen. Eine rechtzeitige Anmeldung ab Januar ist ratsam. Kontaktdaten: Christian Korsch, Krim 2 in 19217 Brützkow. Telefon 03 88 72/562 99. Bei der Anmeldung informiert der Gartenbesitzer über den Anfahrtsweg.

Dank

Wir möchten uns an dieser Stelle bei Christian Korsch bedanken, der mit seiner Bereitschaft zu ausführlichen Gesprächen, seinen erfrischenden Einfällen und der aufmerksamen Begleitung aller Arbeitsfortschritte dieses Buch ermöglichte, bereicherte und besserte.

In Erinnerung werden uns die gemeinsamen Frühstücksrunden bleiben mit warmen Brötchen, frischen Eiern von den »Silberlingen« und der sich vor dem Küchenfenster tummelnden Vogelschar.

Beate Schöttke-Penke, Christian Lehsten

Literatur

Piet Oudolf mit Noël Kingsbury: *Neues Gartendesign mit Stauden und Gräsern.* Stuttgart 2007

Ute Bauer/Ursel Borstell: *Alte Rosen. Geschichte, Verwendung, Gestaltung, Pflegepraxis. Alle wichtigen Arten und Sorten.* München 2005

John Scarman's *Alte Rosen. Auswahl, Begleitpflanzen, Kultur & Schnitt.* München 2008

Gerda Nissen: *Alte Rosen.* Heide 1986

MIX
Papier aus verantwortungsvollen Quellen
FSC® C004592
www.fsc.org

Impressum

Das für dieses Buch verwendete FSC-zertifizierte Papier *Profisilk* liefert Sappi, Alsfeld.

1. Auflage

Grafik des Gartenplans S. 39: Anna Horvath
Layout und Satz: Monika Pitterle/DVA
Gesetzt aus der Sabon LT Std und der DIN 1451 Std
Lithographie: Repro Ludwig, Zell am See
Druck und Bindung: Firmengruppe APPL, aprinta druck, Wemding
Printed in Germany
ISBN 978-3-421-03798-5

www.dva.de